# Spanish Novels
## La maratón

## PACO ARDIT

*To all the Spanish learners*
*who are putting forth effort*
*to learn the language*

**The Author**

# Best Free Resources for Spanish Learners (PDF)

Download the free PDF gift and get other freebies and bonuses from Spanish Novels by email:

**Suscribe to claim your gift:**
https://spanishnovels.net/gift/

# The Book & the Author

**La maratón** is an Upper-Intermediate (B2) Reader for Spanish learners. The book is written in a simple and direct style: short chapters and easy grammar. Every chapter is three pages long. In order to help you start thinking in Spanish, no English translations are provided.

Paco Ardit is a Spanish writer and language teacher living in Argentine since the 1980s. He loves helping people learn languages while they have fun. As a teacher, he uses easy readers with every one of his students. Paco speaks Spanish (his mother tongue), and is fluent in French and English.

### Website
spanishnovels.net

### Follow us on Social Media!
facebook.com/spanishnovels
instagram.com/spanishnovels

# Free Online Exercises

Get free access to a complementary set of online exercises based on the Spanish Novels Series. All the exercises were designed by Paco Ardit to help you get the most out of your readings.

**La maratón exercises**

https://spanishnovels.net/la-maraton-exercises/

**All the exercises**

https://spanishnovels.net/exercises

# Audiobook & E-book Packs – Discounted Price

Do you want to get the most out of your reading practice? Get the Bundle Packs (Audiobooks + E-books) at a discounted price. Read and listen the stories at the same time, for the best learning experience. The Bundle Packs include e-book versions in .mobi, .epub, and .pdf format + full audiobooks in high quality MP3 format. Access the files online or download them to your devices! Get your Bundle Packs at **https://www.spanishnovels.net.**

# Who Should Read This Book

**La maratón** is intended for Upper-Intermediate learners (B2). I assume you have a general command of Spanish. You also need to know conditionals, gerund, pluperfect and past tenses. In this e-book you will find longer and more complex sentences and chapters.

# Contents

# Capítulo 1

En la casa de Luis y Gisela, los domingos son los días de maratón. Cuando la gente piensa en la palabra *"maratón"* se imagina personas corriendo durante horas para alcanzar una meta. Pero para Luis y Gisela, maratón no tiene nada que ver con *"hacer ejercicio"* o *"correr"*. Las maratones de los domingos para ellos son maratones de Netflix y comida chatarra. Es prender el SmartTV por la mañana temprano, quedarse pegados a la pantalla durante todo el día y apagar la TV por la noche, a última hora. Ver temporadas enteras de sus series favoritas mientras comen comida del Delivery.

Los domingos por la noche casi siempre piden lo mismo: hamburguesas de McDonald's. Hoy encargaron dos BigMacs para cada uno con papas extra-grandes y gaseosa. Esta es una comida de tamaño normal. En alguna ocasión han llegado a comer tres y hasta cuatro BigMacs cada uno. Con dos BigMacs y papas grandes aún tienen bastante espacio libre en el estómago. Mientras come sus hamburguesas, Luis le dice a su novia:

-Gordita, ¿qué gustos de helado quieres? Yo elijo chocolate con almendras, y coco.
-Mmm... déjame pensar. Quiero mousse de chocolate, y vainilla. No olvides pedirles el baño de chocolate.

Luis le envía un mensaje de texto al empleado de la heladería. Como es su propia heladería, ni siquiera necesita llamar por teléfono. Le escribe: *"Paco, tráeme por favor 1kg de estos gustos: chocolate con almendras, coco, mousse de chocolate, y vainilla. Con baño de chocolate"*. 20 minutos más tarde, el chico del Delivery toca el timbre de su departamento. Luis baja por el ascensor, le da una propina al chico del Delivery y sube nuevamente al sexto piso.

Gisela sirve dos porciones de helado en dos platos grandes. Cada porción es suficiente para dos personas, pero ellos son de *"buen* comer". Comen el helado rápidamente mientras miran *Daredevil*, una de las series favoritas de Gisela. Cuando terminan de comer el helado, le dice a Luis:

*-Gordito, ¿qué te parece si corto un poco de la torta que quedó de ayer? ¿Quieres comer un poquito?*
*-No, gordita. Ya está bien así. Ya hemos comido suficiente.*

# Capítulo 2

Toda su vida lo conocieron como *"el gordo"*. En la escuela sus amigos sabían que su nombre completo era Luis Gómez, pero siempre le decían *"el gordo"*. Al principio le molestaba mucho, aunque la verdad es que con el tiempo se fue acostumbrando. Con los años, hasta empezó a decirle a la gente que él era *"el gordo"*. Todos lo conocían así, con ese apodo. Sus amigos de la escuela, en el barrio... en todos lados. Menos en su casa. En su casa él no era *"el gordo"*. Allí volvía a ser *"Luis"*. Toda su familia tenía sobrepeso; todos eran gordos. Ellos también se habían acostumbrado a la obesidad. Era un estilo de vida, y estaban muy cómodos con eso. Disfrutaban mucho de la comida y de todos los placeres que ofrece la gastronomía. Comían platos sencillos o platos bien elaborados, pero siempre en raciones gigantes que podían alimentar a dos o tres personas.

Luis nació en Bogotá, Colombia, y vivió allí toda su vida. Ama su país y todas sus tradiciones. Le encanta escuchar cumbia colombiana, ver partidos de fútbol y -especialmente- comer comida colombiana. Cuando le preguntan, él dice: *"Colombia tiene una de las mejores cocinas de todo Sudamérica. Si me permites recomendarte algo te aconsejo que pruebes los tamales de Bogotá. Son de lo mejor en todo el país"*. Luis conoce todos los restaurantes en Bogotá y sus alrededores. A veces escribe reseñas online, detallando las cosas que más le gustan de cada lugar que visita.

Por su altura, Luis no parece tan gordo como otras personas. De todos modos, él sabe muy bien que es obeso. Lo suyo no es sobrepeso: es obesidad. Físicamente no se le nota mucho y, por ahora, tampoco le molesta demasiado. Pero sabe que eso no seguirá siendo así toda la vida.

Luis tiene 39 años y está en pareja con Gisela. Los dos están juntos desde hace casi 10 años. Cuando se pusieron de novios ya sabían que no se iban a casar. A ninguno de los dos le parecía necesario. También sabían que no querían tener hijos. Lo que más les interesaba era desarrollarse en sus profesiones. Luis, como dueño de la heladería. Gisela, como cocinera profesional.

La heladería le proporciona a Luis la mayor parte de su dinero (el resto lo obtiene de algunas pequeñas inversiones). En realidad, Luis es uno de los dos dueños de la heladería. El otro es Hugo, su socio.

# Capítulo 3

Apenas terminó la escuela secundaria, Gisela ya sabía que se iba a dedicar a la cocina. Toda su vida le había gustado la comida. Y no hacía distinciones de ningún tipo. Le gustaba igualmente la comida dulce, salada, agridulce, china, hindú, étnica... A sus 18 años nunca había probado algo que no le gustara. Cualquier comida que llevaba a su boca le parecía rica, interesante o normal. Pero nunca fea o desagradable. Cuando descubrió la cocina se dio cuenta de que había algo que le gustaba tanto como comer: cocinar.

Al graduarse de la escuela secundaria tomó algunos cursos de cocina y empezó a practicar. En su casa, tanto sus padres como sus hermanos siempre estaban dispuestos a probar sus comidas. Gisela preparaba platos gourmet muy sofisticados, con todo tipo de ingredientes exóticos. Su familia se terminaba cada plato con mucho gusto. Y si sobraba algo, repetían (aunque no les gustara la comida).

Toda su familia tenía sobrepeso, y ella no era la excepción. A los 18 años ya tenía casi 20kg (44lb) de más. Su pelo corto tampoco la ayudaba a disimular su sobrepeso. Gisela y sus hermanos eran obesos, pero no les importaba en absoluto. Jamás intentaron hacer dietas o bajar de peso. Ni ella ni su hermana menor se cuidaban. Usaban el pelo natural y nunca se ponían maquillaje. La palabra *"ejercicio"*, en su casa, era prácticamente desconocida. Ninguno de sus hermanos practicaba deportes ni iba al gimnasio. Cada día solo caminaban lo mínimo indispensable. Hacían el recorrido desde la computadora hasta la cocina, y desde allí hasta sus habitaciones.

Gisela era una excelente alumna. En cada examen obtenía las mejores calificaciones. Y los profesores eran de los más exigentes en todo Colombia. Cada plato debía ser perfecto. Si algo no les gustaba les bajaban uno o dos puntos. Así y todo, Gisela logró graduarse con distinciones de honor. Gracias a eso consiguió su primer trabajo en un restaurant de lujo en Bogotá, con solo 21 años. Desde entonces no ha hecho más que trabajar. Gisela siempre fue una persona ambiciosa, con grandes deseos de superación profesional. Al graduarse como chef profesional se propuso trabajar en los mejores restaurantes de Bogotá. Y, poco a poco, fue alcanzando todos sus objetivos.

# Capítulo 4

*La Crème de la Crème*. Ese es el nombre de la heladería de Luis y Hugo. La verdad es que a Luis nunca le había terminado de gustar ese nombre. *"Es muy cursi. Es demasiado obvio para una heladería"*, le decía a su socio. Pero la gente lo terminó aceptando y, finalmente, quedó como nombre definitivo. De hecho, le ha dado aún más renombre a la heladería. Cuando la gente ve el nombre piensa automáticamente: *"esta tiene que ser una muy buena heladería"*.

De las heladerías que hay en Bogotá, *La Crème de la Crème*, sin dudas está entre las tres mejores. Los dueños saben que hay clientes que van a comprarles desde muy lejos. Son personas que hacen un viaje de más de una hora solo para tomar un helado de su heladería preferida. En los últimos 3 años, además, la popularidad de *La Crème de la*

*Crème* no ha dejado de aumentar. Desde que Hugo empezó a subir fotos en las redes sociales, la heladería tuvo una explosión de popularidad. Dos o tres veces por semana Hugo sube fotos a Pinterest y a Instagram. En la página de Facebook de la heladería, por otra parte, ofrece descuentos y promociones para sus clientes.

Hugo es un excelente comerciante. Antes de abrir la heladería con Luis ya había tenido otros cuatro negocios. Con algunos le había ido muy bien, y con otros terriblemente mal. Es la historia de todos los comerciantes. Una mezcla de éxitos y fracasos. Y, a Hugo, eso es lo que más le gusta de tener su propio negocio. Él es el único responsable de que le vaya bien o mal. En este caso, él y Luis. Lo bueno de tener un socio es que, si les va mal, se reparten las pérdidas entre los dos.

Todos los negocios que tuvo Hugo fueron en torno a la comida: dos restaurantes, una carnicería y un bar. A él le gusta tanto comer como a Luis. Cualquiera que lo ve se da cuenta de eso a primera vista. Su panza tiene el tamaño de dos pelotas de básquet. Al igual que Luis, él también es obeso desde pequeño. Sus padres le pagaron los más costosos tratamientos para bajar de peso, pero nunca dieron resultados. A medida que iba creciendo se iba resignando a su nueva realidad: ser gordo durante toda la vida. Con el tiempo se olvidó de su deseo de bajar de peso. Y ahora, si alguien saca el tema, Hugo dice su frase: *"El que nace gordo, vive gordo y muere gordo"*.

# Capítulo 5

A Luis le hubiera gustado nacer en otra familia. Siempre le echó la culpa de su sobrepeso a su familia. Sus padres eran obesos, adictos a la comida. Por eso, desde pequeño su vida y la de toda la familia giraba en torno a la comida. Cuando estaban comiendo el almuerzo, pensaban en qué iban a comer en la cena. Y cuando no estaban comiendo pensaban en qué iban a comer al día siguiente. Casi siempre era comida llena de grasa, azúcar y harinas. Frutas y verduras: lo mínimo indispensable. Estaba claro que en lo último que pensaban era en la salud.

En la escuela, como todos los niños, Luis tenía sus materias favoritas y las más odiadas. Gimnasia era la peor de todas. El profesor los hacía correr durante 15 o 20 minutos seguidos. Luis no podía correr ni siquiera durante 3 minutos. Enseguida se quedaba sin aire, a punto de desmayarse. El profesor lo veía agitado y le decía que tomara un descanso. Era el único al que le permitía correr solo 3 minutos. Porque era *"el gordito de la clase"*. Le decía:

*-Tú, Luis, tú puedes correr hasta que te canses.*
*No importa si es después de 1 o 2 minutos.*
*Cuando te canses detente. ¿Okay?*
*-Sí, profesor* –le respondía Luis.

En la adolescencia empezó a ir a jugar al fútbol con sus amigos. Siempre le había gustado ese deporte, pero nunca se había animado a practicarlo. A los 15 años jugaba al fútbol con sus amigos dos o tres veces por semana. Al armar los equipos, los capitanes siempre le decían:

*-Gordo, tú vas al arco.*

-*Bueno, pero después ataja otro* –les decía Luis–. *No quiero ser siempre el arquero.*

Como era alto y grandote, sus amigos siempre querían que fuera el arquero del equipo. Por eso y también porque se cansaba mucho. No podía correr tanto como los otros chicos. En el fondo Luis también sabía que era la única posición en la que podía jugar. Le hubiera encantado poder ser el delantero del equipo, no tener que atajar. Pero, ¿cómo iba a hacer para jugar en esa posición, si no podía correr más de 3 o 4 minutos seguidos? Finalmente, se resignó a jugar siempre como arquero. Y, con los años, empezó a encontrarle el gusto.

# Capítulo 6

Cuando era joven, Luis tenía dos grupos de amigos diferentes. Con un grupo compartía todo lo que tenía que ver con comer. Era el grupo de los *"gorditos"*. Con ellos se juntaban a ver películas y a comer, o iban a McDonald's y otros restaurantes. Con el otro grupo solamente jugaba al fútbol. Y nada más. Sus *"verdaderos"* amigos eran los amigos con los que comía. Solo cuando estaba con ellos se sentía realmente cómodo.

En sus grupos de amigos solo había hombres. De vez en cuando hablaban de mujeres, pero era algo que les resultaba extraño. Todos tenían más de 20 años y casi ninguno había tenido novia. Y lo veían como algo totalmente normal. Creían que, al tener sobrepeso, ninguna chica se iba a fijar en ellos. Por eso, preferían ni siquiera pensar en el tema.

Durante casi 10 años, Luis estuvo soltero. Se concentró en trabajar, ganar dinero y ahorrar. Hasta que, poco antes de cumplir 30, conoció a Gisela. Fue en la fiesta de cumpleaños de uno de sus amigos. Apenas los presentaron sabían que se llevarían bien:

*-Soy chef profesional* –le dijo Gisela–. *¿Y tú, a qué te dedicas?*
*-Vaya... qué bueno que seas chef. Debes cocinar increíblemente. Yo trabajo en ventas* – respondió Luis–. *Aunque más adelante me gustaría tener mi propio negocio.*
*-¡Qué bien! Y... ¿ya sabes qué negocio te gustaría tener?*
*-Sí: una heladería.*
*-Mmm... qué rico. ¡Me encantan los helados!*

Ese día se quedaron hablando toda la noche. Antes de irse, Luis le pidió su teléfono. Dos días más tarde le envió un mensaje de texto:

*Hola, Gisela. Soy Luis, el amigo de Fran. Nos conocimos el sábado en su cumpleaños. Me gustó mucho hablar contigo. Este es mi número. Que tengas una muy buena semana! Luis*

Una semana más tarde volvieron a verse y, dos meses después, ya estaban de novios. Cuando se fueron a vivir juntos Luis dejó de jugar al fútbol y empezó a comer aún más. En poco tiempo ya había superado la barrera de los 100kg (220lb). De ahí en adelante siguió engordando, año tras año.

# Capítulo 7

En los meses de verano es bastante común que se corte la luz en Bogotá. Como toda la gente prende sus aires acondicionados, el sistema de energía eléctrica se sobrecarga y colapsa. Barrios enteros se quedan sin luz por varias horas y, a veces, durante días enteros. Hoy justamente fue uno de esos días de calor infernal. A las 3pm la temperatura superó los 38° C (100° F). Luis, por suerte, a esa hora estaba en la heladería. Allí, con el aire acondicionado a 23° C (73° F) se estaba muy bien. El problema fue al salir a la calle. El cambio de temperatura fue terrible. Pero aún faltaba lo peor.

Cuando llegó a su casa el portero del edificio le dijo que hacía unos minutos se había cortado la luz. En todo el edificio. Pensar en que no iba a poder prender el aire acondicionado al entrar al departamento ya lo ponía nervioso. Pero había algo que lo inquietaba mucho más: cómo iba a subir hasta el sexto piso. Al no haber luz no podía usar el ascensor, por lo que no tenía otra opción que subir por las escaleras. Ya la idea de subir todos esos escalones le daba vértigo. Ni siquiera se acordaba de la última vez que había subido los seis pisos por las escaleras. Tal vez había sido hace cuatro o cinco años. De lo que si se acordaba era de la sensación de cansancio que le había quedado después de semejante prueba de esfuerzo físico.

Después de juntar valor durante un par de minutos, Luis se decidió a subir las escaleras. El primer piso es el más fácil. El segundo le cuesta un poco más, pero tampoco fue un gran desafío. Cuando llegó al tercer piso sí empezó a agitarse un poco. Ahí tuvo que hacer una pausa para descansar. Un minuto más tarde subió los tres pisos que le faltaban para llegar a su departamento. Al abrir la puerta de su casa notó que le faltaba el aire y que le dolía un poco el pecho, del lado izquierdo. *"Es el corazón. Esto no me gusta nada"*, pensó Luis.

Unos 20 minutos después volvió la luz a todo el edificio. Inmediatamente todos volvieron a encender sus aires acondicionados, a 23 o 24° C (73/75° F). Apenas llegó Gisela a casa Luis le contó lo que le había sucedido. *"Es normal. Es la edad. Te estás volviendo viejo, gordis"*, le respondió su novia. Luis se quedó pensando en eso toda la noche. Ese día, después de la cena, no comió postre.

# Capítulo 8

*"Sí, Luis. Es por la edad"*, le dijo Hugo. *"A mí ya me ha pasado varias veces. No te preocupes"*. Luis se resistía a creerlo. No podía ser únicamente por la edad. Era muy joven aún. Incluso Hugo, con unos años más que él, también era joven.

*-Hugo, no puede ser. Tú tienes solo 45 años. Y yo tengo 39. Somos muy jóvenes para tener problemas del corazón.*
*-Así es la vida, mi amigo.*
*-¿Y no crees que será por el sobrepeso? A mí me sucedió esto y tengo sobrepeso. Y tú también tienes sobrepeso.*
*-Bah... patrañas. Esos son puros cuentos. No tiene nada que ver con el peso. Eso te lo aseguro. No creas todo lo que anda diciendo la gente o la TV por ahí. No son más que mentiras.*
*-Ojalá sea como tú dices.*

En el fondo, Luis está convencido de que lo que le sucedió tiene que ver con su sobrepeso. Pero no quiere insistirle a Hugo. Él ya tiene sus ideas y no está dispuesto a cambiarlas, por nada en el mundo.

Toda la tarde siguió pensando en la charla que tuvo con su socio. Cuanto más lo pensaba más se convencía de que Hugo estaba equivocado. Pero la única forma de averiguarlo era consultando a un médico. La verdad es que ya hacía un par de años desde la última vez que se había hecho un chequeo médico. No le vendría nada mal uno ahora. Desde la heladería, cuando Hugo no estaba cerca, llamó por teléfono para pedir un turno con su médico de toda la vida. La secretaria le dijo que el médico ya no trabajaba más, que se había jubilado. Luis le pidió un turno con cualquier otro médico. Al final, acordaron un turno para el viernes siguiente, a las 3pm.

Nunca había esperado con tantas ansias un turno con el médico. Ir al médico siempre le había resultado aburrido, como una obligación. Pero esta vez estaba sinceramente preocupado por lo que le había ocurrido. Y necesitaba una explicación de un especialista. No era suficiente con leer artículos de Internet y buscar explicaciones para lo que le había sucedido. Esta vez no. Necesitaba saber cómo estaba su salud. Después de tantos años de no cuidar su cuerpo, intuía que seguramente había varias cosas que no iban nada bien. Sabe que el médico no le dará las mejores noticias, pero está preparado para escuchar lo que sea.

# Capítulo 9

A las 2.30pm la sala de espera del médico está totalmente vacía. *"Claro: a esta hora la mayoría de la gente trabaja"*, pensó Luis. Esa es la ventaja que tiene frente a la mayoría de la gente. Como es el dueño de su propio negocio puede organizar sus tiempos como quiere. Por ejemplo, para ir al médico en un horario en que no va nadie. La sala de espera era como todas las que había visto hasta ahora: asientos, revistas y un *dispenser* de agua. Luis revisa las revistas, pero no encuentra nada que le guste.

Cuando el reloj marca las 3pm la secretaria del médico lo llama por su nombre y apellido: *"Luis Gómez. Al final del pasillo, a la izquierda, lo espera el doctor"*. En el consultorio lo espera el Dr. Sáenz. *"Buenas tardes, Sr. Gómez. ¿Cómo le va? Tome asiento, por favor"*. Luis lo saluda y se sienta en una silla demasiado pequeña para él.

-Antes de examinarlo necesito pedirle algunos datos.

-Sí, cómo no. Ningún problema.

-Su nombre completo es Luis Gómez, ¿verdad?

-Así es.

-Bien. ¿Peso y altura?

-Peso 117kg (258lb) y mido 1.85mt (6 feet).

-Okay. Veamos... su IMC (Índice de Masa Corporal) entonces es... 34.

-¿Eso quiere decir...?

-Eso quiere decir que su peso es bastante alto para su altura. Un IMC saludable se encuentra entre 19 y 25 puntos. Por encima de los 25 puntos hablamos de Sobrepeso. Y arriba de 30 puntos hablamos de Obesidad.

-Veo...

-El primer objetivo será reducir su peso a menos de 100kg (220lb).

-Entiendo.

-Bien. Ahora sí lo examinaré.

El médico lo hace sentar en la camilla y revisa su respiración y los latidos de su corazón. Mientras tanto le pregunta:

*-¿Ha tenido últimamente problemas para respirar o dolores en el pecho?*
*-Sí, ambos. Especialmente cuando me canso un poco, después de subir escaleras o de otro esfuerzo físico.*
*-Okay, perfecto. Le diré algo Luis: por su peso usted debería cuidarse un poco más. Le voy a indicar una dieta y una rutina de ejercicios muy liviana. Con eso estaremos bien para empezar.*

# Capítulo 10

Camino a casa Luis le da vueltas a lo que le dijo el médico: *"Debería hacer más ejercicio. Y mejorar su dieta"*, fueron las palabras del Dr. Sáenz. *"Claro, para él es fácil decirlo"*, piensa Luis. *"Pero una cosa es decirlo y otra es hacerlo. Nunca en mi vida he intentado hacer una dieta. Y el único ejercicio ha sido el de atajar en partidos de fútbol. Aunque no sé si contar eso como ejercicio. Los arqueros apenas se mueven de su posición"*.

Al llegar a su departamento se cruza unos minutos con Gisela. Justo a esa hora ella se está yendo a trabajar al restaurant. Pero tienen un par de minutos para charlar.

> *-Hola, amor. ¿Ya te vas?*
> *-Sí... en unos minutos.*
> *-¿No me preguntas cómo me ha ido?*
> *-¿Cómo te ha ido con qué?*

-Acabo de regresar del médico. Te había dicho esta mañana.

-Ah, sí... ¿cómo te ha ido?

-Bien... o, mejor dicho, más o menos.

-¿Por qué?

-El médico me dijo que debo hacer dieta y empezar a hacer más ejercicio.

-Tonterías. A todos les dicen lo mismo. No le des bolilla.

-Mmm...

-Son puras cosas de médicos. Si aún ni siquiera estás enfermo. No tienes nada. ¿Para qué vas a ponerte a hacer dieta y todo eso? No tiene sentido.

-Pero... tampoco es que no tengo nada. Recuerda lo del dolor en el pecho. El médico me dijo que es por el sobrepeso.

-Sí, sí... lo que digas.

-¿Te parece una tontería?

-No lo sé. Lo que sí sé es que todos tenemos dolores en el pecho de vez en cuando, y eso no *significa que estemos enfermos. Tu médico es un exagerado. Y tú también… espero que ahora no te vuelvas un maniático de la salud.*

*"¿Un maniático de la salud?"*, pensaba Luis más tarde, cuando ya se había ido Gisela. *"Solo intento estar un poco más sano. No quiero sufrir problemas de salud, si puedo evitarlos. Es cierto que hasta ahora nunca me había preocupado. Pero nunca es tarde para cambiar algo. Eso ya lo sé por experiencia"*. Ese mismo día se prepara una cena liviana. En vez de comer dos o tres platos –como todos los días– come uno solo, y sin postre.

# Capítulo 11

Los amigos de Luis siempre festejan sus cumpleaños con mucha comida. El último fin de semana cumplió años uno de sus mejores amigos. Le avisó por Facebook que iba a hacer una reunión *"de las grandes"*. Luis ya sabía a qué se refería con eso: comida y bebida como para alimentar a unas 100 personas (aunque en las reuniones nunca eran más de 15 o 20). *"Justo en el momento en que empiezo a hacer dieta"*, piensa Luis. *"¿Por qué no fue hace dos o tres semanas? Así podía comer todo lo que quería sin preocuparme"*. Pero ahora tenía un nuevo plan de alimentación que le había dado el médico. Y estaba decidido a seguirlo al pie de la letra, en cada detalle.

Su nuevo plan de comidas decía muy claro que *"en esta dieta no había días con permitidos"*. Eso quería decir que ningún día podía comer lo que se le antojara. Su plan de comidas le decía exactamente qué comer en cada momento del día. Desayuno, almuerzo, merienda y cena. Las comidas eran increíblemente pequeñas. Para ahorrar tiempo, Luis compraba todo hecho o casi hecho. Así solamente tenía que calentarlo al momento de comer. La verdad es que no se animaba a pedirle que le cocine *"comidas light"*. En su casa Gisela nunca había cocinado de esta manera. Ella ya estaba acostumbrada a cocinar con mucha crema, carnes y quesos. Y las nuevas comidas de la dieta tenían muy poco de esto.

Luis tardó en enviarle una respuesta a su amigo. Al principio pensó que tal vez lo mejor era no ir a la reunión. De esa forma se ahorraba la incomodidad de *"llevar"* su propia comida al lugar (era lo que le había recomendado el médico para estas ocasiones).

Después se le ocurrió que quizás no era necesario llevar su propia vianda. Podía comer ensaladas o cosas light. Sí. Probablemente esa era la forma más adecuada de comportarse en este tipo de casos.

El día de la reunión, finalmente, decide comer únicamente ensalada. Sus amigos lo miran sorprendidos y le preguntan a cada momento si eso es lo único que va a comer. Ellos están comiendo grandes cantidades de carne asada y otras comidas con grasa. Después de una hora logran convencerlo de comer *"solo un pedacito de carne"*. Pero Luis no está acostumbrado a comer *"solo un pedacito"*. Y termina comiendo mucho más de la cuenta como siempre. Al regresar a su casa está muy enojado consigo mismo.

# Capítulo 12

Luis está enojado y decepcionado consigo mismo por no haber respetado su plan. La idea era comer solamente ensaladas, ni siquiera probar un bocado de carne. Pero la presión de sus amigos fue muy fuerte. Durante casi una hora no dejaron de insistirle, hasta que lograron convencerlo. *"No puedo creer que sea tan débil"*, se reprocha Luis. *"¿Cómo es posible que me haya dejado convencer por ellos tan fácilmente? Esto es más difícil de lo que imaginaba..."*.

En lo único que piensa en este momento es en las calorías que acaba de agregar a su cuerpo. Lo primero que se le ocurre es no cenar por la noche, o cenar solo una o dos frutas. Pero cree que necesita algo más que eso, por todo lo que comió en el almuerzo. Entonces pensó en la bicicleta fija que tenían guardada en el cuarto de huéspedes. La habían comprado hace cuatro años. En todo este tiempo la usaron, como máximo, unas cuatro o cinco veces. En realidad, el único que la había usado había sido Luis. Gisela odiaba cualquier forma de ejercicio.

La bicicleta, por suerte, aún andaba bien. Mientras se ponía su ropa deportiva, Gisela le preguntó:

-¿Por qué te estás poniendo esa ropa? ¿Acaso vas a hacer ejercicio?

-Sí. Armé la bicicleta fija.

-Jajaja. ¿Quieres bajar todo lo que comiste en el almuerzo?

-En primer lugar, solo quiero hacer algo de ejercicio. Y si bajo algo de peso, mejor.

-No me hagas reír. Lo único que quieres es eliminar calorías. Tienes culpa por todo lo que has comido. No te gastes: no dará resultado.

-¿Por qué no dará resultado?

-Eres gordo. A los gordos no nos da resultado.

No bajamos de peso ni siquiera con ejercicio.

No te gastes. No vale la pena.

-Voy a intentarlo.

-Allá tú... Luego no digas que no te he avisado.

Es una pérdida de tiempo.

Luis se sube a la bicicleta fija un poco desanimado. Mientras pedalea escucha las últimas palabras de Gisela en su mente: *"No te gastes. Es una pérdida de tiempo"*. Al cabo de 5 minutos deja de pedalear. Podía seguir haciendo ejercicio unos minutos más, pero Gisela le ha quitado las ganas. *"La próxima vez no le diré nada"*, piensa.

# Capítulo 13

El domingo a las 10.30pm, Luis y Gisela ya están en la cama. Es una cama *king size*, de las más grandes que se consiguen en Colombia. Increíblemente cómoda tanto para dormir como para ver TV. Todas las noches antes de acostarse miran algún programa de TV o una serie/película en Netflix en su pantalla de 40". Hoy están haciendo zapping por los 180 canales de cable. Luis maneja el control remoto y va cambiando de un canal a otro cada 10 o 15 segundos. Deja cada canal el tiempo mínimo indispensable para ver qué están pasando, y luego cambia.

Al hacer zapping los dos están acostumbrados a *"saltear"* los anuncios y publicidades. Si aparece uno casi siempre pasan al siguiente canal. Pero hoy, por primera vez, Luis vio un anuncio en la TV que llamó su atención. Era sobre un reality show. Algo bastante inusual, que no había visto jamás en su vida. El reality se llamaba *La maratón*. Era para gente que quería correr su primera maratón. Los participantes que quedaran entre los 10 primeros puestos se llevarían enormes premios en dinero en efectivo. La inscripción cierra en solo 1 mes. Los requisitos son no haber corrido nunca una maratón y tener un IMC de 32 o menos.

*-Uff... qué lástima. Yo tengo un IMC de 34.*
*-"¿Qué lástima?" ¿Pensabas participar en esto? ¿Correr una maratón?*
*-¿Por qué no? ¿Está mal?*
*-¡Jajajajaja! No me hagas reír. ¿Tú, corriendo una maratón? Jajajaja.*
*-No veo qué tiene de gracioso.*
*-Eres capaz de cualquier cosa por dinero. No puedo creerlo...*

-No es por dinero. ¿Quién te dijo que lo haría por el dinero?

-¿Y por qué más lo harías? ¿Por la salud? Si nunca te has preocupado por eso.

-Pero puedo empezar ahora.

-Te has vuelto completamente loco. No puedes correr una maratón. Estás muy gordo.

-El anuncio dice que debo tener un IMC de 32. El médico me dijo que mi IMC es de 34. Tal vez con bajar unos 3 o 4kg (7/9lb) alcanza. Tengo un mes para hacerlo. Me parece un buen desafío. Y creo que puedo lograrlo.

-Sí, claro...

-3kg (7lb) en un mes no es tanto. Creo que no es exagerado. Si me lo propongo puedo bajar esos 3kg.

# Capítulo 14

El lunes por la mañana Luis se levanta muy optimista. Se acuerda del anuncio que vio la noche anterior y sonríe. Es el desafío que necesitaba para empezar a cambiar su estilo de vida. Siempre le habían gustado este tipo de desafíos personales. Y ahora estaba más entusiasmado que nunca por contárselo a todos los que conocía: a sus amigos, a su familia, a los clientes en el negocio. Pensó que tal vez lograba inspirar a otras personas a participar. Y si no quedaba seleccionado para el reality show, de todos modos, esto le serviría mucho.

Antes de ir a la heladería llamó por teléfono a su padre. Al principio creyó que era una broma. Le dijo: *"Vamos... ¿tú, una maratón?"*. Tuvo la misma reacción que Gisela. Se rio de él y le dijo que no valía la pena hacer el esfuerzo.

También le repitió que *"los gordos no corren maratones"*. Después de la llamada Luis se sintió un poco triste. Pero aún podía compartir su buena noticia con otras personas. Por ejemplo, con Hugo, su socio. Iba a llamarlo por teléfono, pero prefirió esperar un par de horas para contarle la noticia en persona.

La reacción de su socio tampoco fue muy alentadora:

*-Es una broma, ¿verdad? ¿Es el Día de los Inocentes hoy? Vamos... tiene que ser un chiste.*

*-Es en serio, Hugo. Quiero intentarlo. Tengo un mes para bajar solo 3kg (7lb) y presentarme al casting.*

*-¿"Un mes para bajar 'solo' 3kg"? Te debe parecer muy fácil, ¿no? ¿Sabes cuánto me tomó bajar 3kg la última vez que hice el intento?*

-No, no sé. ¿20 días, 30 días?

-Casi tres meses. Unos 90 días. ¿Y tú crees que puedes lograrlo en solo 30? Eres optimista...

-Voy a hacer una dieta y ejercicio. Tengo un plan.

-Bueno, mucha suerte con tu plan. La necesitarás.

Después de escuchar tantos comentarios negativos, Luis empezó a dudar de sí mismo: *"Tal vez tienen razón. ¿Cómo voy a correr una maratón si ni siquiera corro una vez a la semana, o una vez al mes?"*. En ese momento se le ocurrió empezar a correr alrededor de la plaza de su barrio, una vez a la semana.

# Capítulo 15

Desde que Luis compra sus viandas de comida hecha, Gisela casi ni cocina en casa. Ahora come siempre en el restaurant en el que trabaja, o lleva comida hecha a casa. Los momentos del almuerzo y de la cena ya no son lo mismo que antes. Apenas unas semanas atrás, la hora de la comida los unía alrededor de la mesa para comer dos o tres platos de lo que más les gustaba. Ahora, con suerte comparten unos 15 o 20 minutos en la mesa. A Gisela no le gustaba ver a su pareja comiendo esas viandas tan sanas. Le recuerda que ella también debería cuidarse. A veces prefiere comer en otros momentos, para evitar enfrentarse a eso.

La primera semana de ejercicio ha ido muy bien. Como su peso aún no se lo permite, todavía no corre. Es apenas una caminata rápida. Pero, por ahora, es un ejercicio sumamente efectivo. Al cabo de dar unas 5 vueltas alrededor de la plaza termina bastante cansado. Cansado pero muy contento de lograr su objetivo. Mientras camina no deja de pensar en su objetivo: bajar esos 3kg (7lb) que le permitirán poder inscribirse en el reality show.

La dieta que le recomendó el médico no es nada fácil, pero Luis tiene una enorme fuerza de voluntad. Está tan decidido a bajar de peso que está dispuesto a hacer lo que sea. Por eso, se conforma con porciones pequeñas y con postres light. Dejar los refrescos y bebidas gaseosas con azúcar fue uno de los grandes desafíos. Pero, de a poco, fue reemplazándolas por las versiones light con edulcorantes como stevia. Luis le propuso a Gisela sumarse a ese cambio, pero ella no tiene ningún interés en reducir su consumo de azúcar. *"Yo estoy perfectamente bien así. No necesito dejar el azúcar. Tú cómprate tus gaseosas 'zero', pero déjame a mí con mis gaseosas normales con azúcar".*

Lo único que sigue igual desde la última semana es la actitud de Gisela, Hugo y sus amigos. Todos lo desaniman. Le repiten una y otra vez que no tiene sentido esforzarse. Le dicen que no bajará de peso ni en cien años. Y que lo mejor que puede hacer es seguir con la vida que estaba haciendo. Disfrutar de la comida y la bebida mientras pueda. A veces Luis piensa en dejar todo y volver a lo de antes. Pero eso le dura solo unas horas. Luego piensa mejor y se dice a sí mismo: *"Esto es lo que debo hacer. Los que están equivocados son ellos".*

# Capítulo 16

Una de las cosas que más anima a Luis es ver que no es el único que quiere ponerse en forma. En la plaza a la que va a correr suele haber otras personas que también quieren mejorar su estado físico. Algunos son muy delgados y parecen poder correr durante horas y horas. Otros tienen un cuerpo *"normal"* y entrenan durante 20 minutos o media hora. Y luego están los *"gorditos"*. Algunos solo tienen unos pocos kilos de más. Otros –como él– necesitan bajar unos 20kg (44lb) o más. Estos últimos hacen caminatas rápidas de unos 5 o 10 minutos y después se sientan a descansar.

Cada día que pasa se siente un poco más animado para seguir corriendo tras su meta. La comida sana que come todos los días ahora le parece un poco más sabrosa. Y lo que le parece más increíble es que ya no extraña tanto las comidas grasosas que comía hace unas semanas. Otro cambio que notó es que su cuerpo parece tener más energía. Aunque come menos, se siente mejor y con más ganas de hacer cosas. Cuanto más lo piensa menos lo entiende. Pero es lo que le está sucediendo.

Por otra parte, ahora Luis se siente un poco más acompañado. En la plaza conoció a sus nuevos amigos: Daniela y Emanuel. Ellos también necesitan bajar de peso, pero solo unos 8-10kg (17/22lb). El día que los conoció se dio cuenta de que eran totalmente a sus amigos de siempre:

*-¿Hace mucho que vienen a hacer ejercicio aquí?* –les preguntó Luis.
*-Yo empecé a venir hace un mes, aproximadamente* –respondió Emanuel.
*-Yo hace un mes y medio* –dijo Daniela.

*-Wow... es bastante tiempo. Yo vengo recién desde hace dos semanas. Soy un novato.*
*-Jaja, ¡todos aquí somos novatos!* –le dijo Emanuel en un tono amistoso.

Mientras hablan, Luis no deja de mirar a Daniela ni por un segundo. Es una chica muy hermosa, incluso con sus kilos de más. Tiene un rostro bellísimo: ojos color marrón claro, boca y nariz pequeña, y cabello rubio. Por alguna razón, Luis cree que ella también lo encuentra atractivo. Tal vez, por la forma en que lo mira o cómo sonríe cuando le habla. Rápidamente nota que Daniela es una muy buena persona. Una chica muy interesante que le gustaría seguir conociendo. Pero él ahora está en pareja con Gisela, y jamás se le ocurriría engañarla.

# Capítulo 17

El día en que se conocieron, Luis y Daniela luego se quedaron hablando solos en la plaza. Daniela le contó sobre su vida:

*-Soy artesana. En realidad, soy una mezcla de artesana y vendedora online. Me gusta mucho hacer artesanías, pero también me encanta esto de venderlas por Internet. ¿Tú a qué te dedicas?*

*-Tengo una heladería, aquí en el centro de Bogotá.*

*-¡Qué bien! ¿Cómo se llama? Tal vez la conozco...*

*-La Crème de la Crème.*

*-Ah, sí. ¡Pero claro! Es de las mejores de la ciudad.*

*-¡Bueno, gracias! Oye... cuéntame sobre tu experiencia vendiendo por Internet. ¡Me*

*interesa mucho conocer la experiencia de otras*
*personas!*

*-Empecé con una pequeña tienda online,*
*haciendo envíos solo a Colombia. Y al poco*
*tiempo empecé a hacer envíos a todo*
*Latinoamérica. Ahora envío a cualquier parte*
*del mundo. El sistema es muy sencillo: un sitio*
*web con un carrito de compras online.*

*-Bueno... por lo que cuentas te está yendo muy*
*bien. Si tienes clientes de todas partes del*
*mundo.*

*-Sí, por suerte, no me puedo quejar.*

Poco después, Luis le cuenta a Daniela sobre
su objetivo de bajar de peso para participar en
el reality show. Para su sorpresa, la respuesta
de Daniela es muy positiva:

*-¡Qué bueno eso, Luis! Es un gran desafío.*
*Estoy segura de que lo vas a lograr.*

*-¿En serio? ¿De veras crees que puedo hacerlo?*

*-Claro que sí. ¿Por qué no? ¿Tienes dudas sobre eso?*

*-Mmm... yo no. Pero la mayoría de la gente sí. Todos me dicen todo el tiempo que no voy a lograrlo. Que no tiene sentido, y que estoy perdiendo el tiempo. Tú eres la primera persona que me alienta a seguir adelante.*

*-Te veo muy motivado, y creo que lo vas a lograr* –le dice Daniela con una sonrisa.

*-Ojalá... ojalá sea como tú dices. Para mí esto es muy importante. Es un cambio de vida. Quiero intentarlo.*

Después de hablar por un rato más se despidieron y quedaron en volver a verse a la semana siguiente, para el próximo día de entrenamiento.

# Capítulo 18

Al final de la segunda semana, Luis está realmente entusiasmado con el reality. Entra al sitio web del programa y lo sigue en todas las redes sociales. En todas partes la gente de *La maratón* repetía las reglas y condiciones para la inscripción: no haber corrido ninguna maratón y tener un IMC menor a 32. En estas dos semanas Luis calcula que leyó esto, al menos, unas 200 veces. Desde que vio el anuncio el asoció IMC 32 con *"bajar 3kg"* (7lb). Ni siquiera sabía cuál era la diferencia entre un IMC 34 y un IMC 32, pero *"le parecía"* que no debían ser más de 3kg. Recién en la segunda semana se dio cuenta del error que había cometido.

La diferencia entre un IMC 34 y un IMC 32 no era de 3, sino de 7kg (15lb). Eso quería decir que en vez de bajar 3kg (7lb), necesitaba bajar 7kg. La balanza le decía que en estas dos semanas había bajado 2kg (4lb). Nada mal. Pero con el nuevo cálculo, aún debe bajar 5kg (11lb). Y solo tiene 2 semanas. Ahora sí que piensa que no lo logrará. 3kg en un mes era un desafío que le parecía estaba a su alcance, pero 7kg en un mes... eso ya era demasiado. Su médico le había dicho que lo normal era bajar entre 3 y 5kg por mes. Más de eso podía ser peligroso. El primer objetivo de 3kg estaba dentro de lo recomendado por el médico, pero lo de 7kg lo superaba. Tal vez había llegado el momento de rendirse. A lo mejor, Gisela y Hugo siempre habían tenido razón. Ahora pensaba que nunca debió ni siquiera intentarlo. Pero, al mismo tiempo, una parte suya le decía que siguiera adelante. Que aún podía seguir intentando. Después de todo, todavía le quedaban dos semanas antes de la fecha límite para el casting del reality.

En estas últimas semanas tuvo una sensación muy extraña en su trabajo. De alguna manera, sentía que ya no "pertenecía" a ese lugar. Como ya no toma helados, siente que de a poco se está alejando de su propio negocio. Hugo intuye esto y hace lo posible por "traerlo" de regreso. Sigue con sus comentarios negativos e intenta hacerlo volver a comer helados. Pero Luis mantiene su disciplina como el primer día. Por otra parte, ahora algunos clientes empezaron a decirle que lo ven más delgado. Eso lo alegra y anima muchísimo para seguir adelante. En esos casos Hugo también aprovecha para hacer sus comentarios negativos: *"No es cierto que estés más delgado. Solo te lo dicen para que les hagas descuentos y regalos".*

# Capítulo 19

En la tercera semana Luis volvió a encontrarse con Daniela y Emanuel. Después del entrenamiento, esta vez fue a un bar con Emanuel. Emanuel tenía apenas un año menos que él, aunque parecía aún más joven. Medía un poco más que él, tal vez 1.89 o 1.90mt (6 feet, 3 inches), pero debía pesar al menos 10kg menos (22lb). Por la ropa que usaba y su iPhone último modelo se dio cuenta enseguida de que era una persona de mucho dinero. Cuando empezaron a hablar y le contó sobre su vida Luis terminó confirmándolo.

Emanuel era emprendedor online. En los últimos 10 años había tenido emprendimientos de toda clase, en las áreas más variadas. Al principio, Luis creía que a Emanuel solo le interesaba el dinero. Y que creaba emprendimientos solo para hacerse millonario. Pero, a medida que iban hablando, se dio cuenta de que era distinto:

*-Para mí, lo más importante es crear un producto o servicio que ayude a la gente. Debe ser algo en lo que yo crea. No me gusta eso de crear un negocio solo por el dinero.*
*-¿Por algunas razón en especial?* –preguntó Luis.
*-Lo he hecho varias veces, y no me ha funcionado. Cuando lo haces solo por el dinero, tarde o temprano te cansas, te agotas.*
*-Entiendo... Tiene sentido.*
*-Pero eso no es suficiente. Debe ser algo en lo que yo crea y también debe estar alineado con mis propios valores.*
*-¿Con tus valores?*
*-Claro... con lo que para mí es importante en mi propia vida.*

*-Ah, bien. Bueno, eso también suena*
*razonable. Seguramente te debe ir muy bien en*
*tus emprendimientos.*
*-Sí... he tenido varios éxitos. Y también*
*muchos fracasos. Mi mayor desafío ahora es*
*encontrar un socio confiable para mi nuevo*
*emprendimiento en salud. Sabes... no soy de*
*las personas que confían fácilmente en la*
*gente. Por eso, para mi encontrar a alguien*
*confiable es difícil.*

Durante la charla, Luis le habló a Emanuel sobre el reality show *La maratón* y sus ganas de participar. En seguida, Emanuel le dio sus palabras de aliento. Le dijo que siga adelante y que no se rinda.

# Capítulo 20

*Esto que me ha dicho Emanuel tiene mucho sentido. Me gusta la idea de tener un negocio que esté alineado con mis valores. Pero lo que no sé aún es cuáles son mis valores. Él dijo algo así como que sus valores eran las cosas importantes en su vida. Lo que me tengo que preguntar, entonces, es:* "¿cuáles son las cosas importantes en mi vida?". *No lo sé... Sinceramente, no lo sé. Tal vez es más fácil pensar en las cosas que ya no son tan importantes para mí. Mmm... creo que una de ellas es la comida. La comida salada y la comida dulce, como los helados. Los helados ya no son tan importantes. Bueno, y la heladería. Ahora ya no me entusiasma tanto como antes.*

*Pero la pregunta era,* "¿qué es lo más importante para mí, ahora?". *Mmm... no se me ocurre nada. Bueno, sí. Lo único que se me ocurre es que para mí ahora es importante mi dieta, hacer ejercicio. Hacer una vida sana. Tal vez eso es lo que para mí es importante ahora: vivir más sano. Pero, ¿esos son mis valores? Siempre había creído que los valores eran cosas como honestidad, integridad, amabilidad, etc. Nunca vi en una lista de valores algo como "vida sana". Pero tal vez existe algo así. Y, si no existe, puedo inventarlo. ¿Quién me lo va a prohibir?*

Durante las semanas siguientes Luis le dio vueltas al asunto. Estuvo pensando bastante si valía la pena seguir al frente de la heladería. La parte comercial le gustaba mucho, pero eso le interesaba en todos los negocios. La diferencia en cada negocio era en el rubro, en la industria. Y la industria de los helados ahora no le parecía tan interesante como hace unos años (o incluso, como hace unos meses atrás). Por primera vez pensó seriamente en cambiar de negocio. Tal vez algo que no tuviera nada que ver con la comida. O algo de comida, pero comida un poco más sana.

Pero aún era muy prematuro para decírselo a Hugo. Lo conocía muy bien, y sabía que se iba a enfadar mucho. Cuando abrieron el negocio él le dijo:

*-Espero que sigamos juntos en esto toda la vida. Para mí los negocios son como los matrimonios: "hasta que la muerte los separe". Luis, quiero que sigamos como socios por mucho tiempo.*
*-Okay, esperemos que funcione.*
*-Por mí no tienes que preocuparte. Haré todo lo posible para que tengamos éxito.*

# Capítulo 21

Luis no puede más con su ansiedad. Faltan solo 3 días para el cierre de la inscripción del reality *La maratón*, y aún le falta bajar 1.5kg (3lb). No sabe cómo lo hará, pero está decidido a inscribirse a ese programa. Y está dispuesto a hacer lo que sea. Incluso lo que había evitado hasta ahora, como las dietas líquidas. Leyó en varios sitios de Internet que muchas personas tuvieron excelentes resultados con esas dietas. Son muy sencillas: nada de alimentos sólidos. Lo único que se permiten son jugos de frutas, tés, caldos y otras bebidas naturales. La mayoría de los que hicieron esta dieta durante algunos días aseguran que tuvieron mucha hambre durante todo el día. Eso era lo único que le preocupa a Luis. Pero, dada la situación, es el último recurso que tiene.

El primer día fue el más duro de los tres. Nunca en su vida había estado un día entero sin comer cosas sólidas. Fue un enorme desafío. No le resultó para nada sencillo, pero logró superarlo. El segundo día fue un poco mejor. La noche anterior había comprado toda clase de frutas y verduras. El plan era preparar varios litros de jugos naturales. Por la mañana se levantó a primera hora para exprimir naranjas y para preparar jugos con zanahorias, apios y manzanas. Hizo combinaciones exóticas que sacó de Internet. Lo que más le sorprendió es que algunas sabían muy bien. Eran más ricas de lo que hubiera imaginado.

El tercer día justo era lunes. Antes del mediodía tenía que ir a la heladería. Lo que se le ocurrió fue llevar varias botellas refrigeradas con sus jugos exprimidos. Antes de salir preparó jugos y licuados de naranja, durazno y mango. Llenó dos botellas grandes y las guardó en una transportadora que conserva el frío. Al llegar a la heladería puso las botellas en el freezer para que se mantuvieran mejor. Y eso le alcanzó para toda la tarde.

Lo que más incomodaba a Luis eran las miradas de Hugo. En ningún momento le preguntó qué tenían las botellas, pero ya se lo podía imaginar. Sabía que era alguna cosa *"para bajar de peso en tiempo récord"*. Ese día Luis tuvo bastante energía, pero sintió mucha hambre. A las 2pm ya tenía ganas de comer algo sólido. Varias veces estuvo a punto de comer un helado pequeño de los que venden. Pero después de pensarlo mejor cambió de opinión. Y, gracias a eso, al día siguiente logró su objetivo: estaba en el peso exacto para inscribirse en el programa.

# Capítulo 22

La productora del reality show estaba a unos 30 minutos de su casa. No estaba seguro de qué ropa ponerse para la ocasión. *"¿Formal o informal? ¿Sport o elegante, o elegante-sport?"*, pensaba Luis mientras revolvía su armario. Como se trataba de un reality con un tema deportivo decidió vestirse con un look sport: pantalón corto, remera deportiva y zapatillas para correr. Para su sorpresa, al llegar al lugar de la inscripción, vio que era el único que tenía pantalones cortos. Todos estaban vestidos con un look informal, pero no deportivo. La gente lo miraba de reojo, algunos entre risas. Se sintió un poco tonto por no haberse puesto otra ropa.

La fila de inscripción era interminable. Parecía que todo Bogotá quería participar en el programa. Luis notó que la mayoría eran hombres. Casi todos eran bastante delgados. *"Mmm... estos no parecen principiantes. No sé por qué tengo la sensación de que muchos de los que están aquí ya han corrido maratones"*, pensaba mientras miraba a la gente. No sabía si la producción del programa tenía un método para saber eso. Se imaginaba que sí. Si no sería muy injusto para todos los que aún no han corrido una maratón.

Mientras estaban en la fila una chica alta de cabello negro se acercó a repartir números para la inscripción. Luis tenía el 219. Y eso que estaba por la mitad de la fila. Según sus cálculos, debía haber al menos 500 personas en la puerta de la productora de TV. Muchos de ellos –tal vez la mayoría– no iban a tener la chance de participar en el programa. Al ver a tanta gente delgada Luis pensó que tenía muy pocas posibilidades de que lo elijan. *"¿Por qué me habrían de elegir a mí, habiendo tanta gente delgada? Seguro elegirán a todos los flacos primero. Y, si les sobra espacio, tal vez tengamos una pequeña oportunidad nosotros los gordos".*

Cuando le llegó su turno Luis se puso increíblemente nervioso. Las dos personas que lo entrevistaban lo miraban sonriendo mientras le hacían preguntas. Les parecía divertido que Luis haya ido a la entrevista con su equipo divertido. A decir verdad, les causó una muy buena primera impresión. Sinceramente, creían que Luis no iba a llegar a estar ni siquiera entre los 100 primeros. Pero había algo de él que les gustaba. Tal vez a la gente que iba a ver el programa también podía llegar a gustarle. Por eso le pusieron una calificación alta.

# Capítulo 23

Luis regresó a su casa con una mezcla de emoción y ansiedad. Por un lado, sabía que tenía posibilidades de entrar al programa. Cumplía perfectamente todos los requisitos y tenía la motivación para empezar a participar cuanto antes. Pero lo que lo desanimaba un poco era ver a tanta gente que parecía más preparada que él. Gente de cuerpos delgados, con más músculos o hasta con mejor actitud que él. Pensó en eso desde que llegó a su casa hasta el día siguiente. Le hubiera gustado poder hablar de todo eso con Gisela, pero a esa hora estaba trabajando.

Al día siguiente, justo antes del mediodía, sonó el teléfono de su departamento. Lo primero que pensó fue: *"son los del programa. Seguro me llaman para agradecerme por haber participado. Me van a decir que no quede seleccionado".*

*-Buenos días. ¿Hablo con Luis Gómez?*
*-Sí, el mismo, señorita. ¿En qué puedo ayudarla?*
*-Le hablo desde la productora de TV Canal BG+. Es para avisarle que ha sido seleccionado para participar del reality show La maratón. Felicitaciones.*
*-¿De veras he quedado seleccionado? ¿Está segura de que no es una broma?*
*-No es una broma, Sr. Gómez. Efectivamente, usted ha sido elegido.*
*-Wow... no puedo creerlo. ¡Qué alegría! No lo puedo creer. Esto parece un sueño...*

Apenas cuelga el teléfono corre a darle la buena noticia a Gisela:

*-Amor, a que no sabes.*

*-Qué.*

*-¡He quedado seleccionado para el programa!*

*-Jaja... no te creo. Es una broma, ¿no? ¿De veras te han seleccionado a ti?*

*-Sí, me acaban de avisar por teléfono. Qué tiene de raro.*

*-Ah... claro. Ya veo. Están buscando un "gordito" para divertir a la gente. Y tú das perfectamente en el perfil que estaban buscando. Debe ser eso.*

Luis se siente herido y triste por los comentarios de Gisela. Pero prefiere mantener silencio. Piensa que tal vez su socio Hugo sí lo felicitará. A la tarde, al llegar a la heladería le cuenta la noticia con mucho entusiasmo. Pero Hugo tampoco se alegra, y solo le habla con indiferencia.

# Capítulo 24

El último martes Luis no fue a correr a la plaza como todas las semanas. A Daniela y a Emanuel les pareció muy extraño. Durante el último mes siempre se habían encontrado los martes y jueves por la mañana, a la misma hora. Y esta fue la primera vez que Luis no fue. Los dos sabían que esta semana era la inscripción para el reality en el que se iba a anotar. Por eso, lo primero que se imaginaron es que no lo habían aceptado en el programa. Creyeron que tal vez estaba un poco triste o deprimido por eso. Pero la verdad es que no podían saberlo. Eran solo suposiciones. Como Emanuel tenía su número de celular se comprometió a llamarlo en los próximos días.

El jueves por la mañana Luis tampoco fue a correr. A la tarde Emanuel le envió un mensaje por Whatsapp: *"Hey, amigo. Cómo estás? Cómo* te ha ido en la prueba? Espero tus novedades!!". Luis lo leyó enseguida, pero lo respondió recién por la noche: "Bien, bien. Me han aceptado. Voy a participar en el programa. Gracias por escribir". A Emanuel le pareció extraña esta respuesta. Lo notó más frío y distante que de costumbre. No parecía muy contento por haber entrado al programa. Eso sí que era raro. Pero prefirió no insistir. No quería que su nuevo amigo se sienta en la obligación de hablar con él si no tenía ganas de hacerlo.

Todo el viernes y todo el sábado Luis siguió bastante triste. Tenía una sensación muy extraña en el pecho. Algo así como una angustia muy profunda. Esos dos días apenas habló con Gisela y con Hugo. La verdad es que trataba de evitarlos. Antes que hablar con ellos prefería estar todo el día en silencio. Recién el domingo por la mañana se empezó a sentir un poco más animado. Entonces se acordó de

Emanuel. Pensó que le haría bien hablar unos minutos con él. Lo pensó unos segundos y luego marcó su número en el celular:

*-Hola, Emanuel. Soy Luis.*

*-¿Cómo estás, Luis?*

*-Bien... ahora un poco mejor. ¿Y tú?*

*-Bien, por suerte. El martes te echamos de menos. ¿No te sentías bien para correr?*

*-Estaba un poco mal de ánimo. Y los días siguientes también. Disculpa por haberte respondido así el Whatsapp. No estaba muy bien. Mi novia y mi socio no me apoyan mucho con lo del programa.*

*-Si quieres nos juntamos en un bar.*

*-Sí, me gusta la idea. ¡Gracias, amigo!*

# Capítulo 25

El martes siguiente Luis volvió a ir a entrenar a la plaza. Apenas llegó lo recibió Daniela con una enorme sonrisa y un abrazo:

*-¡Te felicito! Emanuel me ha contado que has sido seleccionado para el reality. ¡Qué alegría debes tener!*

*-No te creas… no tanto.*

*-¿Por qué? ¿No estás contento por haber entrado al programa?*

*-Sí, yo sí. Pero hay varias personas en mi vida lo que no están contentas con eso. Mi novia, mi socio, algunos amigos…*

*-No lo entiendo… ¿Y por qué no están contentos?*

*-No lo sé… yo tampoco me lo explico. Pero están haciendo todo lo posible para que me arrepienta de estar en el programa. Quieren que vuelva a ser el mismo Luis de antes.*

*-Bueno, pero eso es un asunto de ellos. No tienes por qué angustiarte por eso. ¡No vale la pena! De verdad.*

*-Sí, lo sé. O, al menos, puedo entenderlo. Pero, de todos modos, me hace daño.*

Mientras entrenan Daniela sigue hablando con él para que no se sienta culpable por haber entrado al programa. Y lo alienta a concentrarse en lo que tiene por delante.

*-Tienes 6 meses enteros para entrenar hasta el día de la maratón. Es mucho tiempo, si lo sabes aprovechar.*

*-No sé si lo sabré aprovechar.*

*-No te preocupes. Emanuel y yo te ayudaremos en todo lo que podamos. Y también podemos contactarnos con un corredor profesional. O, tal vez, con un personal trainer.*

*-Mmm... ¿estás segura? ¿Crees que vale la pena que contrate a alguien? Siempre pensé*

*que eso era para los atletas o deportistas*
*profesionales. Yo soy un simple "gordito" que*
*quiere correr su primera maratón.*
*-Es para todos. Yo he contratado a un personal*
*trainer hace unos meses, y no soy profesional*
*ni nada por el estilo.*
*-Bueno... te prometo que lo voy a pensar.*

Ese mismo día más tarde, Emanuel también le recomendó buscar un personal trainer. Alguien con experiencia que lo ayude a aprovechar sus entrenamientos. Después de hablar unos minutos con él, finalmente les dijo: *"Bueno. Me convencieron. Me buscaré un personal trainer".*

# Capítulo 26

Lo primero que hizo al llegar a su casa fue googlear *"personal trainer bogotá"*. Google arrojó un par de miles de resultados, pero Luis miró solamente los primeros cuatro o cinco. Abrió varias pestañas en su navegador de Internet y fue leyendo los sitios web de cada personal trainer. Un par tenían videos, otros tenían artículos y uno hasta vendía un curso online para bajar de peso. Después de leer y comparar copió los números de teléfono de los que más le gustaron. Los llamó a los dos para preguntarles los precios y para saber más sobre los entrenamientos que ofrecían. Finalmente, decidió quedarse con el que vivía más cerca de su casa.

Paul –su nuevo personal trainer– le recomendó agregar dos días de entrenamiento. Desde esta misma semana iba a empezar a entrenar cuatro veces, en vez de solo dos. Además, iban a hacer algunos cambios en la dieta. Luis necesitaba seguir bajando de peso, pero, al mismo tiempo, tenía que tener suficiente energía para los entrenamientos. Su entrenador personal le armó una nueva dieta a medida para maximizar la pérdida de grasa y ganar un poco de músculo.

De pronto, Luis sentía cada vez más curiosidad y deseos de comprender el cuerpo humano. Le pidió a Paul recomendaciones de libros y empezó a leer más sobre nutrición y ejercicios. Aún le faltaba bastante para llegar a su peso ideal, pero así y todo se sentía muy bien leyendo esos libros. Le servían como inspiración para seguir trabajando en su objetivo. Cuando no conocía el significado de alguna palabra en un libro lo buscaba en Internet. A veces es lo llevaba a leer un artículo completo online. En algunas ocasiones no encontraba respuestas en Internet. Entonces le preguntaba a Paul por mensaje de texto o por mail. Al cabo de un tiempo, Luis se dio cuenta de que tal vez lo estaba empezando a molestar a Paul con tantas preguntas. Fue en esa misma época cuando Emanuel le sugirió hacer sus preguntas en algún foro o grupo de Facebook. A Luis le encantó la idea. Así *"mataba dos pájaros de un tiro"*. Por un lado, dejaba de molestar tanto a su personal trainer. Y por otro, tenía la oportunidad de conocer a otras personas interesadas en el ejercicio y la nutrición. Personas de España y de muchos otros países. Gente con las mismas ganas y deseos de superarse que él.

# Capítulo 27

Ir a trabajar a la heladería todos los días se ha vuelto un verdadero sacrificio. Si pudiera no iría, pero tanto él como su socio Hugo necesitan estar ahí para hacerse cargo del negocio. Sin ellos simplemente no funciona. Deben estar trabajando ambos a la par, *"codo a codo"*, como dice la frase. Pero las últimas semanas Luis estuvo mucho menos tiempo en la heladería. Y a Hugo eso no le gusta nada. En absoluto.

*-Oye, Luis. Hoy sí necesito que te quedes hasta la noche. Por favor, no te vayas antes como vienes haciendo desde la última semana.*
*-Okay, okay. Hoy sí puedo quedarme. No te preocupes.*
*-Si estuvieras más tiempo aquí nos iría mucho mejor. Incluso, de aquí a un año podríamos*

*abrir una sucursal en Medellín. Lo que*
*siempre habíamos soñado, ¿recuerdas?*
*-Sí... tú lo has dicho. Lo que "habíamos"*
*soñado. Ya no lo soñamos más.*
*-¿Cómo que no? Yo aún sigo con ganas de*
*abrir esa sucursal. Escucha: si dejas de*
*dedicarle tanto tiempo a eso de correr y de*
*comer sano, tal vez podemos lograrlo en seis*
*meses. ¿Qué me dices?*
*-No me interesa, Hugo. No quiero abrir una*
*nueva sucursal. Ya con esta tengo bastante.*
*-¿Que "tienes bastante"? ¿A qué te refieres?*
*Habla un poco más claro.*
*-No tengo ganas de seguir trabajando aquí. A*
*eso me refiero.*
*-Me parece que la nueva comida que comes te*
*está haciendo mal a la cabeza. Vamos... habla*
*en serio por una vez.*
*-Es en serio, Hugo. Ya no quiero seguir*
*trabajando contigo.*

-¿Y qué vas a hacer? ¿Te vas a dedicar a las carreras? ¿Corredor profesional? Vamos... no me hagas reír.

-Eso es asunto mío. Ya me las arreglaré.

-Ya sabía que algún día me abandonarías. Eres un maldito gordo. Eso es lo que eres. Y siempre lo serás. No puedes cambiarlo. Está en tu sangre. Has nacido así y morirás así.

-Puede ser...

-¿Eso es todo lo que tienes para decirme?

-No... me faltó decirte que mi parte del negocio está en venta. Puedes comprarla tú cuando quieras o vendérsela a quien se te antoje. Me voy.

-Vete al demonio.

# Capítulo 28

Cuando salió de la heladería realmente no sabía a dónde ir. Pensó en ir a un bar, a un restaurant, o hasta el cine. Finalmente optó por lo más sencillo: volver a su casa. Gisela hoy había vuelto más temprano que de costumbre. Según le dijo, el restaurant estaba reduciendo costos. Por eso, casi todos los empleados estaban regresando a sus casas una o dos horas antes. Apenas lo ve llegar a Luis, le dice:

-*Veo que no soy la única que ha salido más temprano hoy. ¿Pasó algo?*
-*Discutimos con Hugo.*
-*Ah, no pasó nada, entonces. ¿Solo una discusión...?*
-*No, sí que pasó. Ya no somos socios.*
-*¡¿Cómo que ya no son socios?!*

-Sí, nos separamos. Le voy a vender su parte.
Ya estoy harto de la heladería y de Hugo.
Necesito cambiar de aires.

-¿Y mientras tanto? ¿De qué piensas vivir?
¿Del aire?

-Tengo mis ahorros. Tú tranquila... no te
preocupes. Esto es asunto mío, ¿okay?

-Mientras vivamos juntos es asunto tuyo y
mío también. Porque aquí pagamos todo a
medias. ¿O lo habías olvidado?

-No, no lo he olvidado. Lo tengo muy presente.

-¿Sabes que pienso?

-Qué.

-Que eres un impulsivo. Y que actúas sin
pensar. ¿Cómo es posible que decidas esto de
un día para otro? Solo por una discusión.

-No fue de un día para otro. Ya lo venía
pensando desde hace un tiempo.

-¿Y por qué no me lo habías dicho? ¿Por qué
me lo has ocultado?

-*Sabía que no lo ibas a entender. Ya me imaginaba que ibas a reaccionar así.*

-*¡¿Así cómo?! ¡¿Cómo estoy reaccionando?!*

-*Estás enfurecida. Pareces una loca. ¿Por qué no te tranquilizas un poco?*

-*El único loco aquí eres tú. Desde que se te ha dado por empezar a correr eres otro. No eres el mismo que conocí, del que me enamoré.*

-*Y, no... la gente cambia. Por si no lo habías notado. Pero ahora no quiero seguir hablando de esto. Voy a salir a tomar un poco de aire. Seguimos hablando de esto en otro momento.*

-*Sí, claro... lo que tú digas.*

# Capítulo 29

Luis está en la puerta de su edificio, pero se siente perdido. No sabe a dónde ir, qué hacer. Lo único que se le ocurre en ese momento es sacar su celular y buscar le contacto de Emanuel. Le envía un Whatsapp preguntándole si está ocupado. Su amigo le responde enseguida. Arreglan para encontrarse en media hora en la plaza a la que siempre van a correr.

Como está a unos 10 minutos caminando de la plaza va directamente para esperarlo sentado. Al llegar a la plaza saca su celular y revisa su casilla de mail. Tiene cinco e-mails nuevos. Algunos necesitan respuestas urgentes, pero la verdad es que en este momento Luis no se siente de ánimo para responder correos. Simplemente los lee y los archiva para contestarlos en un par de horas. Cuando levanta la vista de la pantalla del celular lo ve venir a Emanuel. Hoy está sin su ropa deportiva. Tiene un jean gastado que parece muy costoso y una remera de marca. Como siempre, camina con su iPhone en la mano.

-¿Cómo estás, Luis? Te veo un poco agitado. ¿Puede ser?

-Sí... lo estoy. Acabo de discutir. Primero con mi socio y después con mi novia.

-¿Sucedió algo malo?

-No... solo que me separé de mi socio actual y que estoy a punto de separarme de mi novia.

-Lo siento, Luis.

-Más lo siento yo. No entiendo por qué me está sucediendo todo esto. Todo junto.

-Es porque estás cambiando. Es normal. A todos nos pasa.

-¿Quieres decir que es todo mi culpa? Ya me imaginaba yo que era por mi culpa...

*-No digo que sea tu culpa. No es la culpa de nadie. Así es la vida. La gente cambia y los que eran amigos dejan de serlo. Los socios se separan. Y las parejas se disuelven.*

*-Es la primera vez que me sucede esto.*

*-Siempre hay una primera vez. Ahora tienes que aprovechar la ocasión para ver nuevas oportunidades.*

*-Bueno, de eso quería hablarte. He estado pensando mucho en esto de los negocios y los valores que uno tiene. Y me gustaría probar eso. Quiero tener un nuevo negocio, que esté alineado con mis nuevos valores.*

*-¿Has pensado en algo?*

*-Lo que se me ocurre es algo sobre salud, deportes y cosas por el estilo.*

*-¡Es una gran idea, Luis! ¡Te felicito!*

# Capítulo 30

Luis ya sabe que quiere hacer algo relacionado con la salud y el deporte, pero aún no sabe exactamente qué. La última vez que habló con Daniela en el parque le contó sus novedades.

*-Me alegro de que ya no estés con Hugo, si no estabas a gusto con él y con el negocio.*

*-Ahora me doy cuenta de que debería haberme separado hace mucho tiempo. Pero, por alguna razón, seguía pegado a él.*

*-Tal vez por comodidad, ¿no? O porque era lo único que conocías.*

*-Puede ser. Aunque ahora...*

*-¿Ahora...?*

*-Ahora estoy solo. No sé si me animaré a lanzar mi propio negocio.*

*-¿Y por qué crees eso? Si has hecho muchas cosas grandes por tu propia cuenta. ¿Por qué*

*no tener tu propio emprendimiento? Puedes hacerlo.*

*-Es verdad... puede que tengas razón. Eres increíble, Dani. Me haces sentir que puedo hacer todo. Cuando hablo contigo me siento como Superman* –le dice sonriendo.

*-¡Jajaja! Eres un exagerado...*

*-Oye, sobre lo de vender por Internet. Quería preguntarte: ¿es muy difícil vender únicamente online? ¿Cómo ha sido tu experiencia?*

*-Todo lo contrario. Es muy fácil vender online. Si yo pude hacerlo, cualquiera puede. Créeme: soy la chica menos tecnológica de la ciudad.*

*-Okay... si tú lo dices. Entonces puede que yo también pueda hacerlo, ¿no?*

*-¡Sí, claro que podrás hacerlo!*

Luis finalmente decide invertir parte de sus ahorros en productos. Además, contrata a una persona para que diseñe su sitio web y lo optimice para buscadores como Google. Después de mucho pensar ya lo ha definido: tendrá una tienda online para deportistas y atletas. Venderá ropa, suplementos y otros artículos de deportes. Es algo que quería hacer desde que empezó con todo esto de la maratón y la vida sana. Cuando le contó la idea a Daniela, ella le dijo: *"¡Es una fantástica idea! Estoy segura de que te irá muy bien con el emprendimiento. Ten confianza en ti mismo y en todo lo que puedes hacer, y verás que todo irá de maravilla"*.

# Capítulo 31

El nuevo negocio de Luis arrancó mucho mejor de lo que esperaba. La tienda online recibe cientos de visitas al día, y ya ofrece una gran variedad de productos para deportistas. Lo mejor del nuevo negocio de Luis es que no necesita un local físico de venta al público. Todas las ventas se hacen a través de Internet. El cliente entra a su sitio web, selecciona los productos y, por último, los paga. Luego recibe los productos en su domicilio. Luis tiene un sistema automatizado que lleva un registro de todas las compras y pagos.

Por ahora, él es el único que procesa todos los pedidos. Recibe las órdenes de los clientes en su mail y prepara los pedidos. Por último, los lleva al correo y los envía a su destino. Al final del día es un poco agotador, pero vale la pena. Además, para ahorrar tiempo y energías, agrupa todos los pedidos y hace solo un viaje al correo. Lleva todos los paquetes en su auto y los despacha en unos 15 o 20 minutos. Por el momento él solo puede encargarse de todo eso. Pero piensa que sigue el negocio sigue creciendo a este ritmo tal vez necesite contratar a uno o dos empleados para que lo ayuden.

Si bien la tienda online está bien posicionada en Google, Luis quiere aumentar aún más su alcance. Para dar a conocer su negocio contrató a un equipo de expertos en marketing online. Durante dos semanas harán una campaña de promoción de la tienda en las principales redes sociales. Como es un negocio nuevo tiene la posibilidad de hacer descuentos y promociones especiales para los primeros clientes. Ese fue uno de los mejores consejos que le dio Emanuel.

Mientras tanto, Luis sigue entrenando cuatro veces por semana con su personal trainer. Con el lanzamiento de la tienda, la última semana ha sido una locura. Pero, desde el primer día, se prometió que no iba a descuidar su entrenamiento por el negocio. Las dos cosas son igual de importantes. Administrando bien sus tiempos puede acomodar perfectamente las dos actividades. Ahora tiene menos tiempo para compartir con Gisela y con sus amigos, pero en este momento no lo lamenta demasiado. Las cosas entre ellos no están tan bien como antes. A veces siente que los dos están haciendo lo posible para verse cada vez menos.

# Capítulo 32

Hoy es uno de esos pocos días en que Luis y Gisela cenan juntos. Luis tiene su vianda light –como siempre–, y Gisela una porción de comida para nada sana que trajo del restaurant. Los dos comen en silencio, mirando la TV. En la primera pausa comercial del programa, Gisela le dice:

*-Luis... esto de la tienda online. Quería comentarte algo.*
*-Sí. Dime.*
*-Bueno... es que... no me parece confiable. Me parece extraño.*
*-¿Qué es lo que te parece extraño?*
*-Que no tengas un local abierto al público. Que no estés vendiendo tus productos a la gente. La gente te compra por Internet.*
*-Gisela... estamos en el siglo XXI. Así es la vida ahora. ¿Eso es lo que me querías decir?*

-No... algo más. ¿Cómo sabes que te pagarán por lo que les envías?

-Me lo pagan con tarjeta de crédito, PayPal o lo que sea...

-¿"Lo que sea"?

-Es una forma de decir. A ver, dime, ¿qué es lo que tanto te preocupa? ¿Que no me paguen?

-Sí, eso.

-Quédate tranquila con eso. Es todo perfectamente seguro. Yo solo le envío los productos a la gente que me pagó. Emanuel hace esto desde hace más de diez años y nunca ha tenido problemas.

-Pero Emanuel es un tipo raro. Nunca entendí cuál es su trabajo. ¿Cuál es su trabajo?

-Es emprendedor online.

-Eso no es un trabajo...

-Bueno, Gisela. ¿Eso es todo? ¿Algo más que me quieras decir, recomendar...?

-Sí. ¿Por qué no pones un negocio común y corriente? Si quieres algo de deportes, pon una tienda de deportes. Para que la gente vaya a comprar y te pague en vivo y en directo. Así también te evitas estar todo el día en el correo, enviando paquetes a todas partes.

-Gracias por preocuparte, pero no me molesta hacer envíos.

-¿Y del negocio? ¿Qué me dices?

-No voy a poner un local físico. Me gusta más la idea de la tienda online. Además, me está yendo muy bien. No entiendo por qué te empeñas tanto en llevarme la contra.

-Lo hago solo por tu bien...

# Capítulo 33

Desde que Luis abrió la tienda de deportes, las charlas que tiene con Emanuel y Daniela son casi siempre de negocios online. Cada uno de ellos conoce distintos aspectos que le sirven para seguir creciendo. Daniela, al saber más sobre diseño e imagen, lo asesora con todo lo que tiene que ver con diseño web. Emanuel, en cambio, sabe mucho sobre los aspectos comerciales de los negocios online. Es la persona que lo asesoró para integrar los carritos de compra en el sitio y para manejar los distintos métodos de pago.

A Emanuel le parece increíble el cambio que ha visto en su amigo. Cómo pasó de tener un negocio con el que no se sentía cómodo (la heladería) a tener una tienda online sobre su nuevo hobby. Por otra parte, ve que Luis es una persona muy transparente. Le cuenta todos los detalles de su nuevo negocio y confía plenamente en él. No tiene problemas en hablarle sobre sus planes a futuro con la tienda online. Está claro que Luis tiene grandes ambiciones con su nuevo negocio. Y eso es algo que Emanuel no ve muy frecuentemente en el mundo de los emprendimientos online.

Casi sin darse cuenta, Emanuel descubrió que Luis podría ser un excelente socio. La visión que tienen sobre los negocios es similar y ambos buscan trabajar en industrias que les gusten. Los últimos días Emanuel pensó que podría proponerle a Luis una alianza, para ayudarlo a llevar su tienda a un nuevo nivel. Cuando se lo comentó, Luis se mostró muy optimista:

*-Sí, claro que me gustaría que trabajemos juntos. Después de todo, tú has sido mi mentor*

*en todo esto. Para mí sería un verdadero lujo que seamos socios.*

*-Bueno, yo digo lo mismo. Personalmente, no me resulta nada fácil encontrar personas confiables y transparentes. Y tú eres una de ellas.*

*-Gracias, Ema.*

*-Creo que con una nueva inversión de mi parte podemos duplicar la cantidad de visitas a la tienda online. Y con una parte del dinero podemos contratar a un empleado para que nos ayude con los envíos.*

*-Me parece una excelente idea. Estoy seguro de que esto será todo un éxito.*

*-Sí que lo será. No me cabe duda.*

# Capítulo 34

Ya han pasado más de dos meses desde la discusión entre Hugo y Luis. Desde entonces solo hablaron lo mínimo para arreglar la venta de la parte de Luis. Finalmente, Hugo terminó comprándola. Ahora, él es el único dueño de la heladería. Luis nunca le preguntó cómo iba el negocio, pero conocía las novedades por amigos en común. Se enteró, por ejemplo, de que Hugo había contratado a un nuevo empleado. Sus amigos decían que ahora que era el único dueño lo veían mucho más estresado que antes.

Hugo, por su lado, también quería saber qué había sido de Luis. Pero en sus charlas nunca se animaba a preguntarle. Sus amigos en común le contaron que Luis había abierto una tienda online de artículos deportivos. Y, por lo que le decían, le estaba yendo muy bien. Tal vez, hasta mejor que en la heladería. Eso despertó aún más la curiosidad de Hugo. Él siempre estaba en busca de oportunidades de negocios, de nuevas formas de ganar dinero. La verdad es que, hoy por hoy, lo último que le importaba era la industria. Podían ser helados, zapatos o ropa interior. Le daba exactamente lo mismo.

Con la excusa de hablar de algo que les había quedado pendiente, Hugo lo llama a Luis:

*-¿Cómo estás, Luis? Soy Hugo.*
*-Bien. ¿Qué tal?*
*-Yo bien, también. Pero no sé si también como tú...*
*-¿Querías comentarme algo pendiente?*
*-Sí... no sé si tienes unos minutos para hablar. Supongo que estarás muy ocupado con tu nueva tienda.*

-Sí, estoy bastante ocupado, por suerte. ¿Me decías de eso pendiente, entonces?

-Qué bueno estar ocupado. Eso quiere decir que el negocio marcha bien. ¿Marcha bien, no?

-Sí, marcha muy bien.

-Me llegó ese comentario. Y, a propósito, ¿por casualidad necesitas una inversión, o...?

-¿Te gustaría participar en mi negocio?

-Eh... sí. Podría ser. Tengo un capital disponible para invertir.

-Te lo gradezco, Hugo, pero no lo necesito. Por ahora estoy perfectamente bien.

-Okay, tú te lo pierdes. Adiós.

# Capítulo 35

Los últimos cuatro meses fueron de película. La tienda online ha roto todos los récords de ventas. Desde que Emanuel se incorporó empezaron a vender productos a todo el mundo. Ahora sus clientes les pagan en dólares, euros y otras monedas. Luego, cuando reciben los pagos en sus cuentas bancarias eso se convierte a pesos colombianos.

La preparación para la maratón también va muy bien. Faltan solo diez días para la gran carrera. Luis no recuerda otro momento en su vida en que hubiera estado tan nervioso. A pesar de los nervios, seguía entrenando con mucha energía. Por suerte, Paul lo seguía acompañando como siempre. Para las últimas dos semanas le recomendó un entrenamiento diferente, de ultra-resistencia. Al principio

Luis dudaba si sería una buena idea. Le parecía más intenso que cualquier otra cosa que habían hecho en el pasado. Pero su personal trainer terminó convenciéndolo: *"Puedes hacerlo, Luis. Ya tienes la experiencia para hacer este entrenamiento"*.

El entrenamiento, como se había imaginado, era súper exigente. Incluía recorridos en terrenos poco favorables, en subidas y en bajadas. Había partes de la pista que estaban rotas o tenían pozos. La primera vez que vio el lugar Luis pensó que era algo suicida. No entendía por qué Paul lo hacía correr en una pista con pozos y subidas. Pero, él era el que más sabía de los dos. Y Luis decidió confiar plenamente en los conocimientos de su entrenador.

Los primeros tres días fueron bastante bien. La pista era realmente un desastre: pozos y terreno desigual por todas partes. Al cuarto día sucedió lo que tanto se temía. Mientras corría la última vuelta del entrenamiento Luis se torció el tobillo derecho. El dolor era insoportable. Sentía que alguien le estaba atravesando el tobillo con clavos. Paul fue a verlo enseguida y le dijo que no era *"nada grave"*. En ese momento le aseguró que iba a poder correr sin problemas. Le dijo que en un par de días iba a estar *"como nuevo"*. Pero Luis esta vez no sabía si creerle. Ahora sí que teme no poder competir. Seis meses de entrenamiento tirados a la basura, por un simple capricho de su entrenador, que lo hizo correr en una pista en mal estado. Ese día regresa a casa en un taxi y llama a un médico a domicilio. El médico le dice que no parece nada grave, y le receta una crema.

# Capítulo 36

Su entrenador y el médico decían que no era nada grave, pero la verdad es que a Luis le dolía bastante. Pasó dos días enteros tomando analgésicos y poniéndose hielo en el tobillo. Aunque el dolor físico era fuerte, había algo que le dolía aún más: no saber si iba a poder correr la maratón. Y si lograba recuperarse para el día de la carrera, ¿no sería riesgoso intentar correr? Paul le decía una y otra vez que no era nada, y que podía correr tranquilo. Pero él no sabía si creerle y tomar su consejo o seguir a su instinto.

Tres días antes de la maratón ya se sentía mucho mejor del pie. Podía caminar con normalidad y ya no sentía ningún tipo de molestia. Aunque aún no había intentado volver a correr. Prefería esperar hasta el día anterior de la carrera. Mientras tanto, todos los días hablaba por teléfono con Emanuel o con Daniela. Ellos le daban todo el apoyo psicológico que no le ofrecía Gisela. La verdad es que Luis ya sabía que Gisela no lo iba a acompañar demasiado en su recuperación. Por eso, desde el principio se apoyó en sus dos amigos de entrenamiento. Ellos también estuvieron con él todo el día anterior a la maratón. Por la mañana Luis corrió durante 20 minutos y no sintió ningún dolor. Según Paul, ya estaba totalmente recuperado.

La maratón empezaba a las 8.30am, en el centro de la ciudad. Como era un día domingo, se habían cortado varias calles y carreteras. A las 7am ya estaban las primeras cámaras de TV. Había periodistas de los principales canales de Colombia. Luis llegó temprano, acompañado de Daniela. Sabía que la carrera podría durar entre 4 y 6 horas, pero estaba mejor preparado que nunca.

Durante la carrera en ningún momento le molestó el tobillo. Luis no podía creer cómo se había recuperado tan rápido. A pesar de que no había entrenado durante casi 7 días, estaba haciendo una muy buena carrera. Las primeras horas se mantuvo entre los primeros 50 corredores. A las 12pm ya estaba entre los primeros 30. Y al final de la carrera logró ubicarse entre los primeros 20 puestos (quedó en el lugar número 18). Los 20 primeros recibieron un premio en dinero en efectivo, repartido en partes iguales. Al momento de recibir su premio Luis ya sabía que haría con el dinero: invertirlo en su tienda online.

# Capítulo 37

Al final de la carrera Daniela y Emanuel –que llegó después de la entrega de premios– le dieron un gran abrazo a su amigo. Las cámaras del reality show captaron ese momento. En ese instante, toda la gente siguiendo el programa desde sus casas vio el abrazo de Luis y sus amigos. Hasta Hugo y Gisela. Aunque no fueron a la carrera, tenían curiosidad por saber el resultado. Después del abrazo, un periodista le preguntó a Luis:

*-Luis, ¿qué se siente haber quedado entre los 20 primeros puestos?*
*-¡Increíble! Creo que me caeré muerto aquí mismo del cansancio, pero feliz.*
*-¡No te nos mueras tan rápido, que aún debes recibir tu premio!*
*-Haré un esfuerzo por seguir en pie unos minutos más –le dijo Luis sonriendo.*

-¿A quién le dedicas esta victoria?

-A las personas que me apoyaron durante estos últimos meses. Especialmente, a Daniela y Emanuel. Si no fuera por ellos estoy seguro de que hoy no estaría aquí.

Luis estaba tan contento que no quería que nada arruine ese momento. Por eso, en vez de ir a bañarse a su casa fue a la casa de Emanuel. Quería evitar cruzarse con Gisela en este momento tan especial en su vida. Sabía que ni siquiera lo iba a felicitar por su victoria. Mientras van en auto a la casa de Emanuel, Luis se pregunta: *"¿Por qué sigo con ella? ¿Por qué no me separo de una vez por todas? No sé qué es lo que estoy esperando..."*.

Luis se da un baño y se relaja unos 10 minutos en el jacuzzi de Emanuel. La última vez que había estado en un jacuzzi era hacía unos 6 años, en la época en que él y Gisela aún iban a hoteles. Después del baño relajante se puso ropa bien elegante para salir a cenar. Iban a festejar con Emanuel y Daniela en un restaurant de lujo. Quedaron en encontrarse a las 9pm en la puerta del restaurant. Como aún tenían tiempo, Luis y Emanuel aprovecharon para ver un partido de tenis de Roger Federer. Era la final del Masters de Miami.

En el restaurant los tres amigos recordaron anécdotas de sus entrenamientos durante los últimos meses. Daniela lo miraba con mucha ternura, casi con amor. Y Luis le devolvía esas miradas, pensando: *"Sí. Me tengo que separar. No tiene sentido seguir al lado de alguien como Gisela habiendo tantas mujeres maravillosas en el mundo".*

# Capítulo 38

El festejo en el restaurant terminó después de las 11.30pm. Pero de allí fueron a una discoteca a seguir celebrando, hasta las 6am. Cuando Luis llegó a su casa eran casi las 7 de la mañana. Gisela ya estaba despierta. Hoy entraba a un turno especial por la mañana. Apenas lo vio entrar le dijo:

-¿De festejo?

-Sí. No sé si te has enterado, pero quedé entre los primeros 20.

-Sí, me he enterado. Por la TV. Ni siquiera me enviaste un mensaje de texto. ¿Dónde has estado?

-Con amigos.

-¿Y me lo dices así, tan fresco? ¿Con qué amigos?

-Escucha, Gisela. No tengo por qué darte explicaciones, ¿okay?

-Eres mi pareja.

-Era tu pareja.

-¿De qué hablas?

-Hace tiempo que no estamos bien. No hace falta que lo diga. Ya lo habrás notado. Estamos haciendo vidas totalmente diferentes. Quiero que nos separemos.

-¿Por qué?

-Ya no compartimos tantas cosas. Somos personas diferentes.

-Eso es porque tú has cambiado. Pero podemos intentar recuperarlo...

-¿Por ejemplo?

-Dices que ya no compartimos cosas. Bueno, podemos volver a compartir cosas. Como la comida...

-No, Gisela. No pienso volver a lo de antes. Ese Luis ha muerto.

-Has conocido a otra. Has conocido a otra, ¿no? ¿Es esa rubia tonta con la que saliste ayer en la tele?

-No metas a otras personas. Esto es entre tú y yo. Lo nuestro es lo que ya no funciona.

-Ya entiendo... ahora te gustan las chicas más flacas. Ahora te parezco una gorda.

-No es eso, Gisela. Sabes muy bien que no es eso.

-¡¿Y entonces qué es?! Dímelo porque no lo entiendo.

-Ya te lo he dicho. Ya no funcionamos. Somos distintos, queremos cosas diferentes en la vida. ¿Para qué seguir juntos? ¿Por costumbre?

-Vete. Vete con la maldita rubia. Agarra tus cosas y vete ahora mismo. No quiero volver a verte nunca más en mi vida.

# Capítulo 39

La separación con Gisela no fue fácil, pero era necesaria. Recién después de separarse Luis se dio cuenta de que durante meses había vivido muy infeliz. Solo por no animarse a cortar su relación con Gisela. Por miedo a lo que ella podía pensar o decir. Todo lo que le dijo el día de la separación era cierto. Estaba convencido de que ya no funcionaban como pareja, de que eran muy distintos. Pero la verdad es que Gisela también estaba en lo cierto: Luis estaba enamorado de Daniela. Ya no podía ocultarlo.

Después de llevarse sus cosas del departamento que compartía con Gisela, decidió alquilar algo temporal. Un departamento pequeño, como para estar uno o dos meses. Luego buscaría otro lugar un poco más grande y con una mejor ubicación. Desde allí podía seguir manejando su tienda online sin problemas. Los productos en venta ahora los tenían almacenados en un galpón de dos pisos. Allí guardaban una cantidad enorme de los productos más vendidos en la tienda.

A la semana siguiente de separarse Luis tuvo su primera cita con Daniela. Fueron a ver una obra de teatro y luego a cenar. En la cena se besaron por primera vez. Como Luis no quería que se sienta presionada, después de cenar cada uno fue a su casa. Le parecía mejor ir lento, ya que Daniela tenía poca experiencia amorosa. Recién en la tercera cita la invitó a ir a su casa. Como ella tardaba en contestarle y se veía un poco nerviosa, le dijo:

*-Si no quieres no me enojaré. De veras.*
*-Este... no sé...*
*-Tenemos tiempo. Las puertas de mi casa siempre estarán abiertas.*
*-Eh... bueno. ¡Acepto la invitación!*

Esa noche estuvieron juntos por primera vez. Y, al día siguiente, se pusieron de novios de forma "oficial". Hacía muchos años que Luis no se sentía tan a gusto estando en pareja. Daniela era la compañera que siempre había estado buscando. Lo apoyaba en todos los proyectos que él emprendía. Y, cuando Luis se sentía desanimado, ella era la primera en ayudarlo a levantarse. Luis, por su parte, también ayudaba a su novia a concretar las metas que se proponía. Era su fan número uno en todo lo que hacía: desde las artesanías hasta las comidas que le cocinaba.

# Capítulo 40

Mirando para atrás, Luis no puede creer cómo pudo haber cambiado tanto su vida en solo unos pocos meses. En menos de un año corrió su primera maratón, logró cortar una relación de pareja que le hacía mal, y empezó un nuevo negocio. Aún se acuerda de cómo empezó todo: un corte de luz en su edificio, subir por las escaleras, agitarse e ir al médico. Eso fue lo que cambió su vida de un día para otro. A veces se pregunta cómo sería su vida ahora si ese día no se hubiera cortado la luz en el edifico. Probablemente seguiría en pareja con Gisela, comiendo como un cerdo y trabajando en un negocio solo por el dinero.

Desde que corrió la maratón Luis tiene un nuevo hábito. Todos los días, después de levantarse sale a correr durante 20 minutos. A veces corre con Daniela, otras con Emanuel, y otras veces con los dos. *"Es la mejor manera de comenzar el día. No me puedo imaginar empezar un día sin correr mis 20 minutos"*, le dice Luis a sus amigos. Además, sigue entrenando dos veces por semana con Paul. Eso sí: le dijo que solo seguiría entrenando con él con la condición de no volver a correr en la pista con pozos. *"Creo que aprendí de la experiencia. Me puedo torcer el tobillo una vez, pero dos no"*, le dice a su entrenador riendo. Ahora entrena para su segunda maratón.

La combinación de ejercicio y dieta durante varios meses seguidos le ha dado excelentes resultados. En menos de 1 año pasó de pesar 117kg (258lb) a pesar 91kg (200lb). Un año atrás esto le hubiera parecido imposible. Jamás se hubiera imaginado que podía estar en un peso saludable, sin tener que pasar hambre. Como ya está en su peso ya no necesita hacer dietas estrictas. De todos modos, para mantenerse en 91kg (200lb) debe cuidarse bastante con las comidas.

Con Daniela decidieron alquilar un departamento un poco más grande para los dos. Están tan bien juntos que hasta están pensando en tener un hijo. Es algo totalmente nuevo para Luis, pero que lo entusiasma mucho. Si hay una persona en el mundo con la que gustaría tener un hijo, esa persona es Daniela. No tiene dudas de que sería una excelente madre. Pero aún tienen tiempo para pensarlo. Los dos prefieren tomárselo con calma e ir lento. Lento, pero a paso sostenido. Como al correr una maratón.

# Other Books by the Author

**Beginners (A1)**

- Muerte en Buenos Aires

- Ana, estudiante

- Los novios

- Tango milonga

- Fútbol en Madrid

**Pre Intermediates (A2)**

- Laura no está

- Porteño Stand-up

- Un Yankee en Buenos Aires

- Pasaje de ida

- El Hacker

**Intermediates (B1)**

- Comedia de locos

- Amor online

- Viaje al futuro

- La última cena

## Upper-Intermediates (B2)

- Perro que habla no muerde

- La maratón

- Marte: 2052

- El robo del siglo

- Llamada perdida

## Advanced Learners (C1)

- El día del juicio

- La fuga

- Paranormal

## High Advanced Learners (C2)

- La última apuesta

- Tsunami

- Elektra

# Spanish Novels Series

https://spanishnovels.net

Printed in Great Britain
by Amazon

64050766R00109